AF241669

LA CONCLUSIÓN DE LOS DISCÍPULOS

Dr. Aaron R. Jones

LA CONCLUSIÓN DE LOS DISCÍPULOS

Copyright © 2015 por Dr. Aaron R. Jones Impreso en los Estados Unidos de América
Publicado por Kingdom Publishing LLC, Denton, Maryland

Todos los derechos reservados. Ninguna parte de este libro puede ser reproducida o transmitida de forma alguna por ningún medio, independientemente de si es electrónico o mecánico, incluyendo fotocopiado, grabación o algún sistema de almacenamiento y recuperación de información sin autorización por escrito del autor, a excepción de breves inclusiones de citas en una reseña. Todas las citas de las Sagradas Escrituras son de la versión King James de la Biblia. Thomas Nelson Publishers, Nashville: Thomas Nelson, Inc. 1972.

Editora: Sharon Jones

Corrección: Sarah Gardner

Apoyo para los diseñadores gráficos: Cartia Brown-Morgan, Juanita Bank y Reneto Gordon

Imágenes de Jesús en el arca del tesoro y la orilla del mar por ©SuperStock/Masterfile

Imagen de la Reflexión del Discípulo por Stefano Mortellora (Reconocimiento 2.0 Genérico; CC BY 2.0)

ISBN 978-1-947741-49-2

Número de control de la Biblioteca del Congreso: 2015903603

Agradecimientos

Ante nada, quisiera agradecerle a mi Señor y Salvador Jesucristo, quien me ha bendecido con los talentos, las destrezas y las habilidades para alcanzar este momento de mi vida.

Un agradecimiento especial para mi amada esposa, Sharon, que siempre ha aportado su amor, tiempo y apoyo en todos mis proyectos. Este proyecto no se hubiese logrado sin su apoyo.

Además, quisiera agradecerle a Nita Washington, mi Gerente de libro, a Cartia Brown-Morgan y a Reneto Gordon por su ayuda gráfica en este proyecto.

El Señor verdaderamente me ha bendecido con un buen equipo de apoyo.

Tabla de contenido

CONCLUSIÓN | 121
Debe satisfacer la Gran Comisión

INTRODUCCIÓN

El mundo está creando discípulos todos los días. La gente del mundo sigue lo que la hace sentirse bien y feliz, sin importar de las consecuencias. El mundo presenta una influencia poderosa. Somos llamados para ser seguidores, pero no seguidores de este mundo. Por definición, un discípulo es una persona que es un aprendiz y un seguidor.

Jesús eligió a ciertos hombres para que sean Sus seguidores, y Él los entrenó para construir el Reino de Dios. La obligación de los doce hombres que Jesús escogió era ser Sus testigos. A los doce no solamente se los llamaba discípulos, sino también apóstoles. Mateo 10:2-4 identifica a los doce discípulos:

Los nombres de los doce apóstoles son

estos: primero Simón, llamado Pedro, y Andrés su hermano; Jacobo hijo de Zebedeo, y Juan su hermano; Felipe, Bartolomé, Tomás, Mateo el publicano, Jacobo hijo de Alfeo, Lebeo, por sobrenombre Tadeo, Simón el cananista, y Judas Iscariote, el que también le entregó".

Lo que hace que los doce elegidos sean tan poderosos es que no eran superestrellas; eran hombres comunes y corrientes. Jesús no está buscando superhéroes cristianos, sino hombres y mujeres que serán discípulos obedientes y fieles. Lo que es más importante es que Él busca a aquellas personas que permitirán que el poder del Espíritu Santo los use de manera extraordinaria. Si bien los discípulos fueron usados después de la resurrección y la llenura del Espíritu Santo, la Biblia divulga sus debilidades en el ministerio.

El llamado a ser un discípulo es el mayor llamado para un creyente, porque atraviesa todos los caminos del ministerio. Si queremos hacer cosas grandiosas para Dios, tenemos que aceptar el llamado estratégico como seguidores de Jesús.

Se llama a cada creyente renacido para que sea un discípulo de Jesús.
Una vez que nos identificamos como discípulos de Jesucristo, nos esforzamos todos los días para vivir siguiendo Sus palabras y enseñanzas. El corazón de Jesús siempre ha sido para las almas y el Reino de Dios. Jesús dio el ejemplo (Él mismo) e instrucciones claras de lo que se necesita para ser un discípulo de Dios.

El Espíritu Santo fortalece a aquellos que estén dispuestos a aceptar el llamado como discípulos de Jesucristo. Durante el ministerio de Jesús en la tierra, Él dedicó tiempo a entregarse a los discípulos (los doce hombres elegidos). Los discípulos estuvieron con Jesús a todas horas del día. Comían, dormían y ministraban juntos.

Antes de que podamos ser discípulos, como Jesús lo ordenó, creo que es verdaderamente indispensable entender lo que significa ser un discípulo.

Jesús no permite que nada quede poco claro sobre las funciones de los discípulos en los Evangelios. Un discípulo de Jesús entiende que obedecer Su Palabra es un mandato de Dios, un desafío de Dios, y un estilo de vida modificado para Dios.

Como seguidores de Jesucristo, somos los soldados de su ejército. Todo soldado militar entiende las consecuencias de no obedecer y seguir las órdenes de su comandante. Un soldado aceptará con los brazos abiertos una misión que no entiende y seguirá las órdenes, incluso hasta la muerte. Como discípulos y soldados de Jesucristo, tenemos un gran llamado. No solamente las vidas humanas están en juego, sino también las vidas eternas. En este libro, identificaré las funciones de un discípulo y cómo Jesús aborda cada función usando un lenguaje claro y enfático.

CONCLUSIÓN

Jesús debe ser la prioridad #1

"Si alguno viene a mí, y no aborrece a su padre, y madre, y mujer, e hijos, y hermanos, y hermanas, y aun también su propia vida, no puede ser mi discípulo". Lucas 14:26

Una de las obligaciones más difíciles de un discípulo es hacer que Jesús sea el número Uno (siempre). El problema fundamental para satisfacer esta función o conclusión puede verse en Marcos 4:19.

"...pero los afanes de este siglo, y el engaño de las riquezas, y las codicias de otras cosas, entran y ahogan la palabra, y se hace infructuosa".

Jesús menciona tres cosas que lo bloquean de ser una prioridad número uno en nuestras vidas y en el camino cristiano cotidiano. La importancia del mundo, el engaño y la lujuria tienen el poder de ahogar lo que Él deposita en nosotros. No podemos permitir que la vida y el mundo tomen las riendas y nos consuman. No podemos permitir que estas cosas lo reemplacen a Él en nuestros corazones. Jesús siempre debe estar en el pedestal más alto en nuestras vidas. Jesús debe estar en el núcleo de nuestros corazones. Estar en el núcleo significa que Sus palabras y maneras son las que guían.

Cuando Jesús está en el núcleo de nuestros corazones, Él reina y está en control. Cuando no ponemos a Jesús primero, no hay otra opción más que permitir que el pecado reine. El apóstol Pablo dice claramente en Romanos 6:12: "No reine, pues, el pecado en vuestro cuerpo mortal, de modo que lo obedezcáis en sus concupiscencias". Pablo está explicando cómo la carne puede ser la prioridad número uno en la vida de uno, y esto influirá nuestras decisiones. Es por esto que Romanos 8:5 es importante:

"Porque los que son de la carne piensan en las cosas de la carne; pero los que son del Espíritu, en las cosas del Espíritu".

Debemos seguir al Espíritu para mantener a Jesús primero. Cuando seguimos al Espíritu, la carne no es una prioridad.

Como parte de hacer que Jesús sea una prioridad número Uno en nuestras vidas, tenemos que poder equilibrar nuestras relaciones cotidianas. Jesús anunció que las relaciones familiares y de amigos no deben tener prioridad sobre Él y sus obligaciones para el Reino. Estas relaciones no pueden tener prioridad sobre la relación que tenemos con Él. Ni bien permitimos que cualquier otra relación se convierta en nuestra prioridad número uno, no somos capaces de servirle a Jesús con todo nuestro potencial. Sí, somos responsables de cuidar a nuestras familias y establecer amistades. No obstante, cuando Dios llama al discípulo para que satisfaga una obligación, ya sea pequeña o grande, debe estar listo y accesible. Si el discípulo no tiene cuidado, usará a su familia y amigos como una excusa para no obedecer las órdenes que el Padre Celestial haya dado.

Jesús establece que se lo debe poner en primer lugar. Jesús dice en Mateo 6:33: "Mas buscad primeramente el reino de Dios y su justicia, y todas estas cosas os serán añadidas". Este es el principio más claro para mantener a Jesús en primer lugar. Cuando buscamos el Reino, buscamos Su rectitud; y cuando buscamos Su rectitud, buscamos el Reino. La idea de buscar es una acción continua. Mantener a Jesús siendo la prioridad número 1 debe implicar una búsqueda constante por Él y su Reino. Hay una promesa relacionada con la acción de poner a Jesús como el número 1: *"...y todas estas cosas os serán añadidas".*

El contexto de Mateo 6:33 es la capacidad del Padre para atender las necesidades básicas de Sus hijos (comida, vestimenta y techo). Jesús dice en Mateo 6:31, 32:

"No os afanéis, pues, diciendo: ¿Qué comeremos? o, ¿qué beberemos? o, ¿qué vestiremos? (Porque los gentiles buscan todas estas cosas:) pero vuestro Padre celestial sabe que tenéis necesidad de todas estas cosas".

De vez en cuando, nuestras necesidades básicas se convierten en un obstáculo porque hemos hecho que la carne sea nuestra prioridad número uno. Jesús nos ayuda con este tema con Sus palabras consoladoras, y estoy parafraseando: *"Cuida mis asuntos y Yo cuidaré los tuyos".*

Nuestra prioridad de que Jesús sea

el número Uno debe ser intencional y deseada. Es necesario que aprendamos todos los días para preguntarle sobre Su conocimiento sobre cómo equilibrar los desafíos de la vida, para que Él siga siendo el número Uno sobre todas las cosas.

Otro punto importante para mantener a Jesús en primer lugar es jamás perder el gozo del primer amor. En el capítulo 2 de Apocalipsis, Jesús tiene un

problema con la Iglesia de Éfeso. Si bien hizo muchas cosas correctamente, hizo una cosa significativa mal: la congregación abandonó a su primer amor. Como discípulos, podemos trabajar en la iglesia y aun así perder nuestro primer amor. Para decirlo de otra manera, la iglesia estaba siguiendo lo indicado, pero Jesús no era la prioridad número uno.

"Yo conozco tus obras, y tu arduo trabajo y paciencia; y que no puedes soportar a los

malos, y has probado a los que se dicen ser apóstoles, y no lo son, y los has hallado mentirosos: y has sufrido, y has tenido paciencia, y has trabajado arduamente por amor de mi nombre, y no has desmayado. Pero tengo contra ti, que has dejado tu primer amor". (versículos 2 a 4)

El primer y único amor eterno que hemos experimentado es el amor de nuestro Señor y Salvador Jesucristo. Debemos permanecer enamorados de quién es Él y el Reino que Él representa todos los días. El amor de Cristo se expresa y se muestra a lo largo de la Biblia.

¿Qué he puesto antes de Jesús?

¿Qué ha desviado mi atención de mi obligación con el Reino?

¿Qué debo agregar y restar de mi vida para que Jesús pueda seguir siendo mi prioridad número 1?

Estimado Señor:

Ayúdame a eliminar las cosas que he colocado en mi vida que Te impiden ser mi prioridad número uno. Por favor, revela esas cosas que me estén separando de mis obligaciones del Reino. Te pido Tu sabiduría, ahora mismo, para que pueda identificar los secretos que he escondido en mi corazón. Necesito que Tu Espíritu siga desafiando mi corazón para que siempre, y en todo momento, seas número uno en mi vida.

Amén

CONCLUSIÓN

Debe permanecer en el camino (travesía)

"Y el que no lleva su cruz y viene en pos de mí, no puede ser mi discípulo."
Lucas 14:27

En varios sentidos, la vida se trata de distintas travesías con diversos caminos. Muchas de las travesías de la vida se basan en decisiones que hemos tomado para dirigir e influir en nuestros caminos. Mucha gente no se da cuenta de que podemos hacer todo bien y aun así ir por el camino equivocado. Muchas personas gastan la mayoría de su dinero, tiempo y esfuerzo en las travesías que Dios no ha ordenado para sus vidas. Muy frecuentemente, los caminos que decidimos tomar pueden parecer los correctos ante nuestros ojos. Proverbios 16:25 dice:

"Hay camino que parece derecho al hombre, pero su fin es camino de muerte". Como discípulos, no solamente podemos confiar en lo que parece ser lo correcto, también debemos confiar en donde Dios nos dice que vayamos.

Jesús nos da los mapas de caminos de las maneras correctas e incorrectas para sus discípulos. Jesús dice en Mateo 7:13, 14: *"Entrad por la puerta estrecha; porque ancha es la puerta, y espacioso el camino que lleva a la perdición, y muchos son los que entran por ella; porque estrecha es la puerta, y angosto el camino que lleva a la vida, y pocos son los que la hallan"*. Cuando pasamos por la puerta ancha, siempre habrá un camino más amplio. Lo que eso quiere decir es que tendrá más opciones disponibles para seguir en la dirección equivocada. Cuando vamos por la puerta estrecha, las opciones se limitan a una dirección, la que nos conduce a Jesucristo.

La Biblia indica claramente la dirección que debe seguir un discípulo. Solamente hay un camino que garantiza la vida eterna. Juan 14:6 dice:

"Jesús le dijo: Yo soy el camino, y la verdad, y la vida; nadie viene al Padre, sino por mí".

Solamente hay un camino hacia el Padre y es mediante Jesucristo. Este es el camino del discípulo. Una de las estrategias del enemigo es hacer que haya otros caminos disponibles y atractivos en todo momento. El enemigo se asegurará de mostrar todas las opciones disponibles. No cree que usted tenga tantas ganas de ser un discípulo que no pensaría en seguir otros caminos en la vida. Pone distracciones para hacer que usted pierda su enfoque. Los discípulos no pueden darse el lujo de perder su enfoque mientras entretienen las distracciones de Satanás. La tarea de Satanás es lograr que el discípulo abandone el camino al engañarlo.

Recuerde, Satanás ha desarrollado armas para debilitar su enfoque y obstaculizar su camino con Jesús.

Cuando Satanás venga a desviarlo, emplee el ejemplo de Jesús que se enseña en Mateo 4:1-11.

Cada vez que Satanás intentó desviar a Jesús, Él le respondió a Satanás con la Palabra de Dios.

"Entonces Jesús fue llevado por el Espíritu al desierto, para ser tentado por el diablo. Y después de haber ayunado cuarenta días y cuarenta noches, tuvo hambre. Y vino a él el tentador, y le dijo: Si eres Hijo de Dios, di que estas piedras se conviertan en pan. Él respondió y dijo: Escrito está: No sólo de pan vivirá el hombre, sino de toda palabra que sale de la boca de Dios. Entonces el diablo le llevó a la santa ciudad, y le puso sobre el pináculo del templo, y le dijo: Si eres Hijo de Dios, échate abajo; porque

escrito está: A sus ángeles mandará acerca de ti, y, en sus manos te sostendrán, para que no tropieces con tu pie en piedra. Jesús le dijo: Escrito está también: No tentarás al Señor tu Dios. Otra vez le llevó el diablo a un monte muy alto, y le mostró todos los reinos del mundo y la gloria de ellos, y le dijo: Todo esto te daré, si postrado me adorares. Entonces Jesús le dijo: Vete, Satanás, porque escrito está: Al Señor tu Dios adorarás, y a él sólo servirás. El diablo entonces le dejó; y he aquí vinieron ángeles y le servían".

En cada intento, Jesús declaró que "escrito está", para evitar perder el enfoque y desviarse del camino. Jesús le dio a Satanás lo único que no podía vencer, La Palabra de Dios. Similarmente, cuando Satanás lo esté tentando con cosas carnales, usted también debe luchar con la Palabra de Dios. La Palabra es el arma para los ataques de Satanás que lo "desvían del camino".

Para mantenerse en el camino, los ojos del discípulo deben observar a Jesús. El Salmo 121:1 dice: *"Alzaré mis ojos a los montes; ¿de dónde vendrá mi socorro?"* Su confianza debe estar en el Padre. Debe confiar en Él para que lo guíe por todas las circunstancias y situaciones.

Una vez que nos convirtamos en discípulos de Jesucristo, darse la vuelta no debería ser una opción. Nuestra confesión se convierte en "No daré la vuelta". Una vez que tome esa decisión, estará progresando, sin importar los problemas que se avecinen. Me recuerda a un viaje en avión. Comúnmente al viajar en avión, hay turbulencias que causan que el vuelo sea muy incómodo y la gente se sienta nerviosa. En la mayoría de los casos, sabemos algunas cosas: (1) las turbulencias normalmente duran por un cierto tiempo; (2) el piloto ve o es consciente de las posibles turbulencias; (3) el piloto tiene experiencia lidiando con turbulencias;

y (4) el piloto nos informa sobre las turbulencias y nos dice que vamos a pasar por ellas para llegar a nuestro destino. Sí, rezamos, pero naturalmente confiamos en cierto grado en que el piloto nos llevará a nuestro destino con apoyo Divino.

Ahora, si podemos confiar en un piloto para que atraviese las turbulencias mientras volamos, seguramente podemos confiar en El que tiene el control total de nuestro destino.

Dios estará con nosotros durante todos los tiempos de turbulencias. No abandone el camino cuando haya indicaciones de turbulencias. Confíe en Dios durante las turbulencias.

Para permanecer en el camino, el discípulo debe entender que la distracción pasará. Debemos despedirnos para siempre de los pensamientos, formas y opiniones pasadas. Uno de los desafíos en nuestro camino cristiano es la tentación de volver al pasado para lidiar con el futuro. 2 Corintios 5:17 dice: *"De modo que si alguno está en Cristo, nueva criatura es; las cosas viejas pasaron; he aquí todas son hechas nuevas".*

Como discípulos, no podemos tener una cláusula de "Dejar de seguir a Jesús". No podemos ser egocéntricos y tener intenciones propias para llevar la cruz de Jesús. Tenemos que dedicarnos a las intenciones de Dios. Debemos mantenernos enfocados y mirar hacia adelante. Mirar hacia atrás presenta una oportunidad para detener las intenciones de Dios. Cada uno tiene su propia cruz y esa es la cruz que debe llevar.

El paso de un discípulo está dirigido y ordenado desde el principio de los tiempos. Efesios 1:3, 4 dice: *"Bendito sea el Dios y Padre de nuestro Señor Jesucristo, que nos bendijo con toda bendición espiritual en los lugares celestiales en Cristo, según nos escogió en él antes de la fundación del mundo, para que fuésemos santos y sin mancha delante de él"*. Al comprender esto, un discípulo intentará en su corazón seguir el camino que Dios ha predestinado para él.

¿Tengo una cláusula de "Dejar de seguir a Jesús"?

¿Mis decisiones están controlando mi camino de manera negativa?

¿Cuál es mi respuesta al enemigo cuando surgen tiempos turbulentos?

Estimado Señor:

Mantenme en Tu camino. Dame más sabiduría para identificar todas las distracciones de Satanás para guiarme en otra dirección. Permíteme siempre llevar la cruz que me has dado. Si hay algún deseo en mí de abandonar el camino, deshazte de él ahora. Fortalece mi confianza en Ti durante los tiempos turbulentos.

Amén

CONCLUSIÓN

Debe contar el precio (costo)

"Porque ¿quién de vosotros, queriendo edificar una torre, no se sienta primero y calcula los gastos, a ver si tiene lo que necesita para acabarla?"
Lucas 14:28

En toda ganancia, hay una pérdida. Un discípulo sabio contará el costo de todo lo que hace. La vida se trata de contar el costo. Debemos contar el costo con una mente y un espíritu abiertos. Ya que Jesús pronto regresará por su iglesia, creo que el crecimiento del Reino debería ser la motivación para contar el costo. En el ministerio, siempre debemos obedecer a Dios. Con esta obediencia, siempre debemos contar el costo para asegurarnos de estar cumpliendo con Su Palabra.

Dios quiere que el discípulo haga que contar el costo sea parte de su estilo de vida cotidiano. Ser un discípulo para Jesucristo y el Reino debe ser una situación en la que todos ganan.

Lo que debe alentar a cada discípulo es que Jesús contó el costo de la cruz. Él sabía que el mayor valor de la cruz eran las almas de toda la humanidad reunidas nuevamente con el Padre. Aunque Jesús estaba al tanto de todos mis fracasos y deficiencias, me alegra saber que Él miró a la cruz y pensó en mí. A pesar de que sabía el dolor y el sufrimiento que sobrellevaría, dijo: "Sí". Es una idea tan humilde que mi vida y mi redención valieron el mayor sacrificio que conoce el hombre.

Teniendo la eternidad en mente, seguir a Jesús siempre le costará algo a un discípulo y siempre valdrá la pena. Romanos 8:18 dice: *"Pues tengo por cierto que las aflicciones del tiempo presente no son comparables con la gloria venidera que en nosotros ha de manifestarse".*

Lo que es difícil para un discípulo es superar algunas de las realidades actuales y confiar en Dios para el futuro. Un discípulo debe recordarse en todo momento que "esta lucha vale lo que cuesta".

Muchos discípulos quieren una gran cantidad de unción. Quieren que Dios los use poderosamente, pero nunca imaginan el costo que esto conlleva. Un discípulo debe recordar que "mientas más lo usa Dios, más grande es el blanco que el enemigo pone sobre él". Hay un comentario triste sobre Dios que usa a hombres y mujeres de manera poderosa para el reino. Este comentario dice que muchas personas quieren atención, pero no quieren pagar el precio por tal atención. Comúnmente se dice que "una persona verdaderamente nunca sabe el costo de unción en la vida de un discípulo". Mi consejo para todos los discípulos es que jamás deben codiciar la gloria del ministerio de otra persona a menos que sean capaces de aguantar el precio de vivir su historia.

Muchos discípulos saben que seguir a Jesús les costará, pero tratan de evitar el costo. Amo la mentalidad de David. Hizo una declaración muy intensa en 2 Samuel 24:24: *"Y el rey dijo a Arauna: No, sino por precio te lo compraré; porque no ofreceré a JEHOVÁ mi Dios holocaustos que no me cuesten nada. Entonces David compró la era y los bueyes por cincuenta siclos de plata"*. David no quiso darle nada a Dios que no le costara nada. Algunas personas creen que este verso es una locura. Algunas hasta pueden preguntar: "¿por qué contar el costo si no es necesario?" Cada sacrificio que se haga para Dios debe tener una parte de uno. Creo que un sacrificio que le cuesta algo a uno es más intenso y apreciado. Cuando contamos el costo, entendemos que perderemos algo debido al sacrificio.

No todas las pérdidas son malas ni todas las ganancias son buenas. Mateo 16:26 dice: *"Porque ¿qué aprovechará al hombre, si ganare todo el mundo, y perdiere su alma? ¿O qué recompensa dará el hombre por su alma?"*

Cuando contamos el costo, nos ayudará a dejar de hacer compromisos y luego renunciar a Dios. Hay tanto trabajo sin terminar en el Reino porque los discípulos no cuentan el costo. La tragedia es que algunos discípulos lo consideran algo sin seriedad, pero ganar almas para el Reino depende de terminar el trabajo. Cuando no contamos el costo, a veces las almas sufren. Cuando contamos el costo, debemos saber que Jesús es la Fuente del recurso.

¿Qué costo he contado desde que me dediqué al Señor?

¿Mi adoración me cuesta algo?

¿Qué voy a perder? ¿Estoy listo para perderlo por el Reino?

Estimado Señor:

Ayúdame a contar el costo, para estar alineado con Tu Palabra y hacer planes para mi vida. No me permitas tomar ninguna obligación para Tu Reino sin seriedad. Perdóname, Señor, por cualquier alma que se haya perdido u obstruido por no haber contado el costo. Haz que mis sacrificios me cuesten algo.

Amén

CONCLUSIÓN

No se debe aferrar a las posesiones terrenales

"Así, pues, cualquiera de vosotros que no renuncia a todo lo que posee, no puede ser mi discípulo".
Lucas 14:33

Vivimos en un mundo deseoso de tener posesiones. El mundo ha hecho que la vida se trate sobre lo que una persona puede conseguir. El mundo ha hecho que las posesiones determinen y definan el valor de uno. Hay una mentalidad que es que "mientras más posesiones uno tenga, más poder e influencia tendrá". Esta mentalidad ha llegado a la iglesia de Jesucristo.

Creemos que una persona verdaderamente está bendecida debido a la cantidad de posesiones que tiene. Algunas personas hasta llegan a creen que aquellos que tienen más posesiones tienen una mayor unción. Por otro lado, si uno tiene posesiones limitadas, entonces debe carecer de fe, está maldito o simplemente no fue bendecido. Sí, las posesiones tienen un lugar en nuestras vidas y Dios quiere bendecir a sus hijos. Pero un discípulo no puede permitir que las posesiones impongan la unción y la influencia de Dios, ni el poder o el estatus de nadie.

Antes de que avancemos, quiero poner las posesiones en su lugar. Jesús dice en Mateo 24:35: *"El cielo y la tierra pasarán, pero mis palabras no pasarán"*. Todo lo que no esté conectado a la Palabra de Dios es temporal y pasará.

Jesús es el mejor regalo que el hombre ha conocido. Jesús es El Regalo que nunca se acaba. Las posesiones temporales del mundo son un desafío significativo en el camino cristiano de un discípulo.

El fuerte deseo de tener cosas materiales puede obstaculizar la efectividad en el Reino. La conectividad de un discípulo a sus posesiones puede causar que adore a esas posesiones.

La parábola del joven rico presenta una historia real de la lucha con las posesiones temporales.

"Un hombre principal le preguntó, diciendo: Maestro bueno, ¿qué haré para heredar la vida eterna? Jesús le dijo: ¿Por qué me llamas bueno? Ninguno hay bueno, sino sólo Dios. Los mandamientos sabes: No adulterarás; no matarás; no hurtarás; no dirás falso testimonio; honra a tu padre y a tu madre. Él dijo: Todo esto lo he guardado desde mi juventud. Al oír esto, Jesús le dijo: Aún te falta una cosa: vende todo lo que tienes, y dalo a los pobres, y tendrás tesoro en el cielo; y ven, sígueme." (Lucas

18:18-22).

Las posesiones no tienen nada malo, pero aquellas que consumen el enfoque pueden convertirse en impedimentos. A menudo, vivimos por encima de nuestras posibilidades y debemos trabajar más duro y por más tiempo para mantener nuestras posesiones. Los cristianos frecuentemente consideran su trabajo como una excusa para no comprometerse con el ministerio, lo cual es una evaluación honesta, pero a menudo el trabajo que se debe hacer se debe a deseos/aspiraciones y no precisamente a insuficiencias.

No debería haber ninguna posesión en la vida que se interponga entre nosotros y nuestra relación con Jesús. Los discípulos comúnmente quieren algo de Jesús, pero no están listos para dejar algunas de sus posesiones. Independientemente de lo que Dios nos dé, debemos estar listos en cualquier momento para abandonarlo en beneficio de Su Reino. Cuando intentamos aferrarnos a nuestras posesiones, nos perdemos de algo de Dios. Si no podemos abandonar una posesión, es necesario que tengamos un control firme sobre la misma, de lo contrario tendrá un control firme sobre nosotros.

El apóstol Pablo ofreció una perspectiva apropiada sobre la idea del dinero. Él escribe en 1 Timoteo 6:10, "... *porque raíz de todos los males es el amor al dinero...*" Poseer dinero no es lo que es malo, pero amarlo lo es. Cuando ponemos nuestro dinero y nuestras posesiones ante Dios, esto desafía nuestra función como discípulos. Debe tener en cuenta que cualquier posesión puede ser el dios de un discípulo.

¿Cuáles posesiones en mi vida tienen un mayor control sobre mí que Jesucristo?

¿Cuáles posesiones quiero? Ahora debo compararlas con lo que necesito.

¿Puedo dejar mis posesiones para satisfacer el plan mayor de Dios?

Estimado Señor:

Gracias por todas las bendiciones que me has dado a mí y a mi familia. Todo lo que tengo es gracias a Tu Mano en mi vida. Ayúdame a no poner nada ante Ti. Enséñame a usar la sabiduría y a oír Tu Voz mientras trabajo con mis posesiones. Espíritu Santo, sé un recordatorio constante de mis prioridades.

Amén

CONCLUSIÓN

Un discípulo debe ser productivo

"En esto es glorificado mi Padre, en que llevéis mucho fruto, y seáis así mis discípulos".
Juan 15:8

La reproducción debe ser algo en lo que cada discípulo debe pensar. La función de cada discípulo es crear más discípulos. La vida de todo discípulo debe significar que es un receptáculo para Dios. Este receptáculo debe generar fruto y más fruto. Dios es intencional sobre la generación de fruto. Dios habla sobre dos cosas que Él hará en Juan 15 con respecto a la generación de fruto: Él podará y limpiará. Jesús en Juan 15 dice: *"...y todo aquel que lleva fruto, lo limpiará, para que lleve más fruto".*

Como discípulo, cuando uno no genera fruto, Dios debe hacer algo porque la función del discípulo es ser productivo y dar fruto. Juan 15:2 dice: "...*el que no lleva fruto, lo quitará*". Mi mejor interpretación de este versículo es que el discípulo tiene el beneficio de la vida eterna, pero ya no es parte del plan. Dios lo levanta del árbol. El discípulo es un pámpano, y Dios espera que cada pámpano sea productivo dé frutos.

Proceso de purga

El fin de la purga es que el discípulo sea capaz de dar más fruto. La purga es necesaria para el crecimiento del Reino. A veces, no entendemos o no nos gusta el proceso de purga. Purgar nos hace pensar en cortar; Dios debe cortar para que podamos crecer y producir. El corte que hace Dios no debe considerarse ser algo negativo. Es algo positivo para maximizar Su Reino.

<u>Proceso de limpieza</u>

En toda empresa, organización o grupo, cuando hay personas que no están siendo productivas, se hace algo. Los directores ejecutivos, gerentes o supervisores no tolerarán a los empleados no productivos. Cuando se nota una conducta no productiva, deben seguirse ciertos procedimientos para lidiar con tal conducta. Si el mundo corporativo lidia con la falta de productividad con consecuencias, ¿no deberíamos esperar que un Dios Todopoderoso haga que sus discípulos sean responsables por la productividad de su Reino? Entonces, el fin del proceso de limpieza es despejar el área para aquellos que serán productivos. Dios no quiere que los frutos buenos sean frutos no productivos. Como discípulo, si no está siendo productivo, está siendo un estorbo. Dios quiere que los discípulos más productivos sean los que estén trabajando en todo momento.

Como discípulos, para ser productivos, debemos depender de la vid (Jesús). No podemos hacer nada que no sea parte de Jesucristo. Para dar fruto, debe permanecer en la vid (Jesús). Sin permanecer, no hay rectitud, poder, unción, relación, compañerismo o vitalidad. Mientras más permitamos que Dios nos purgue, más dependeremos de Dios. El mayor factor para la productividad de un discípulo es la forma en que permanece con la vid (Jesús). Jesús dijo en Juan 15:4, 5: *"Permaneced en mí, y yo en vosotros. Como el pámpano no puede llevar fruto por sí mismo, si no permanece en la vid, así tampoco vosotros, si no permanecéis en mí. Yo soy la vid, vosotros los pámpanos; el que permanece en mí, y yo en él, éste lleva mucho fruto; porque separados de mí nada podéis hacer"*.

Dios debe ser la Fuente del ministerio y el resultado productivo. Frecuentemente, se lleva a cabo gran parte del ministerio sin las bendiciones de Dios. No debemos poner un límite al fruto. Dar fruto debe ser la inspiración para generar más fruto. Dios no quiere que estemos satisfechos solamente con fruto, sino con ABUNDANCIA DE FRUTO.

¡El discípulo necesita concentrarse en la abundancia de fruto!

La abundancia de fruto proviene de una conexión constante con Jesús. La palabra clave para conectarse es permanecer. Permanecer significa quedarse y morar. Debemos entender que Dios, desde el principio de los tiempos, ha querido morar con su pueblo. Hay dos escrituras en el libro de Éxodo que hacen hincapié en este punto. Éxodo 25:8 dice: *"Y harán un santuario para mí, y habitaré en medio de ellos"*. Éxodo 29:45 dice: *"Y habitaré entre los hijos de Israel, y seré su Dios"*. Dios quería la comunión con Adán, pero

Adán pecó y destruyó la comunión. La productividad fomenta la morada de Dios y la comunión con Su pueblo.

Cuando pensamos sobre la productividad, debemos pensar en la sal. Cuando nos desempeñamos como la sal, seremos discípulos productivos. Sabemos que la sal es un conservante y puede ayudar en el proceso de curación cuando sufrimos cortes y raspaduras.

Al ser la sal de la tierra, los discípulos se convierten en los ejemplos que se necesitan para construir el Reino de Dios. En Mateo 5:14, Jesús explicó el resultado de la sal no productiva:

"Vosotros sois la sal de la tierra; pero si la sal se desvaneciere, ¿con qué será salada? No sirve más para nada, sino para ser echada fuera y hollada por los hombres".

Cuando estamos enteramente comprometidos como discípulos, nosotros (al igual que la sal) generamos fruto para la construcción del Reino. Una vez que seamos la sal, tenemos que seguir siendo salados. Tenemos que asegurarnos de ser igual de eficaces a través del Espíritu Santo.

Jesús nos da un diagnóstico muy perturbador cuando no seguimos siendo salados. Cuando perdemos nuestra sazón, nos tornamos en discípulos que no le aportan ningún beneficio al Reino. Y si no somos capaces de apoyar la plantación del Reino, Jesús dice que somos inútiles.

Hay dos enfoques principales para nuestra productividad: 1) dar gloria a Dios y 2) ampliar el Reino. Voy a abordar la ampliación del Reino en una conclusión que presentaré más adelante. Productividad significa traerle gloria a Dios... no al discípulo. Juan 15:8 dice: *"En esto es glorificado mi Padre, en que llevéis mucho fruto, y seáis así mis discípulos".* Mientras más productivo es un discípulo, más gloria va a Dios. La verdad es que todo lo que hacemos debe darle gloria a Dios. El apóstol Pablo hace hincapié en esta verdad en 1 Corintios 10:31: *"Si, pues, coméis o bebéis, o hacéis otra cosa, hacedlo todo para la gloria de Dios".*

Si bien es importante que los discípulos den fruto y glorifiquen a Dios, es igual de importante que cada discípulo se evalúe a sí mismo. ¿Qué tan efectivo y obediente es él al llamado a ser productivo? Tal evaluación conlleva tres preguntas simples:

1.   ¿Estoy llegando a ser más como Jesús cada día?

"Mas ahora que habéis sido libertados del pecado y hechos siervos de Dios, tenéis por vuestro fruto la santificación, y como fin, la vida eterna". (Romanos 6:22)

2.	¿Tengo una carga constante por las almas perdidas como lo hizo Jesús?

"El Señor no retarda su promesa, según algunos la tienen por tardanza, sino que es paciente para con nosotros, no queriendo que ninguno perezca, sino que todos procedan al arrepentimiento". (2 Pedro 3:9)

3.	¿Me comporto como Jesús?

"Mas el fruto del Espíritu es amor, gozo, paz, paciencia, benignidad, bondad, fe, mansedumbre, templanza; contra tales cosas no hay ley". (Gálatas 5:22, 23)

Un discípulo no debe enfocarse solamente en el fruto, sino que en que tal fruto perdure.

¿Qué debo hacer para ser más productivo para Jesús?

¿Qué necesito hacer para permanecer más en Jesús?

¿He perdido mi salinidad?

Estimado Señor:

Permíteme ser un instrumento que aprovechas para producir más fruto para Tu Reino. Quita el espíritu de estar satisfecho con algo de fruto. Purifícame como Tú quieras. Elimina todas las cosas que me impidan dar fruto. Por favor, no me alejes de Tu propósito y plan.

Amén

CONCLUSIÓN

Debe tener pasión

"En esto conocerán todos que sois mis discípulos, si tuviereis amor los unos con los otros".
Juan 13:35

A medida que observamos la pasión, creo que debería estar motivada por una palabra: "amor". Lo que compró nuestra redención fue una fuerte pasión que era parte del amor ágape de Dios. Juan 3:16 dice: *"Porque de tal manera amó Dios al mundo, que ha dado a su Hijo unigénito, para que todo aquel que en él cree, no se pierda, mas tenga vida eterna".* El amor que Jesús tuvo por un mundo perdido y moribundo es el amor que cada discípulo debe sentir. No podemos separar el amor de nuestras vidas o del camino cristiano, porque es el punto definitivo que describe nuestra relación con Jesucristo. De esta forma, las personas sabrán que somos discípulos de Jesús pese a nuestras posesiones, talentos o dones del Espíritu. Sabrán por el amor que le demostramos no solamente a la iglesia, a nuestras familias y a nuestras comunidades, sino también a nuestros enemigos.

"Un mandamiento nuevo os doy: Que os améis unos a otros; como yo os he amado, que también os améis unos a otros. En esto conocerán todos que sois mis discípulos, si tuviereis amor los unos con los otros". (Juan 14:34, 35)

Gracias a nuestro amor, la gente puede ver y entender la conexión que tenemos con Jesús. El amor no es una opción, sino un mandamiento de Dios. Nuestras vidas reciben las órdenes del amor de un Padre. Muchos discípulos confunden el mandamiento de Jesús de amar con tan solo querer. Hay muchas personas a las que amo, pero no necesariamente me gusta su actitud, personalidad o cómo lidian con ciertos temas.

Puedo amarlos y no estar interesado en cómo viven. Otra confusión es el amor y estar de acuerdo. Algunas personas creen que si las amo significa que estoy de acuerdo con sus acciones... pero eso no es verdad. Jesús nos ama y no siempre está de acuerdo con todas nuestras acciones.

Se nos llama para que amemos a todos... incluso a aquellas personas que parezca ser imposible amar. No se nos da la oportunidad de seleccionar a las personas que debemos amar y a las que no. A menudo, nuestro amor es solo el resultado del amor o importancia que alguien siente por nosotros. Sabemos que esta no puede ser la regla para los discípulos. Jesús nos ordena a amar hasta a nuestros enemigos.

Jesús dice que es fácil amar a alguien que te ama. La verdadera señal de un discípulo: Amar según las Sagradas Escrituras. El verdadero desafío del discípulo es no solo amar a sus enemigos, sino también orar por ellos y hacerles el bien. Jesús dice en Mateo 5:43-48:

"Oísteis que fue dicho: Amarás a tu prójimo, y aborrecerás a tu enemigo. Pero yo os digo: Amad a vuestros enemigos, bendecid a los que os maldicen, haced bien a los que os aborrecen, y orad por los que os ultrajan y os persiguen; para que seáis hijos de vuestro Padre que está en los cielos, que hace salir su sol sobre malos y buenos, y que hace llover sobre justos e injustos. Porque si amáis a los que os aman, ¿qué recompensa tendréis? ¿No hacen también lo mismo los publicanos? Y si saludáis a vuestros hermanos solamente, ¿qué hacéis de más? ¿No hacen también así los gentiles?"

Como discípulos, debemos sobresalir del resto del mundo. El mundo nos enseña a lidiar con los asuntos personalmente, ojo por ojo, y a tratar de vengarnos. Dios enseña lo contrario; tenemos que confiar en Él. Los discípulos confían en que Dios estará con ellos incluso cuando parece que sus enemigos van a ganar. Los discípulos deben recordar que la venganza le pertenece a Dios.

"No os venguéis vosotros mismos, amados míos, sino dejad lugar a la ira de Dios; porque escrito está: Mía es la venganza, yo pagaré, dice el Señor". (Romanos 12:19)

Nuestro amor por Jesús jamás puede comprometerse con el mundo. Nuestra conexión de este mundo debe ser muy suelta. Una vez que comenzamos a darle demasiado amor al mundo, comenzamos a reclamar nuestro tesoro en el mundo. Siempre debemos recordar que estamos en este mundo, pero no somos de este mundo.

Jesús dice que cuando verdaderamente amamos este mundo, el amor del Padre no está presente en la vida del discípulo.

"No améis al mundo, ni las cosas que están en el mundo. Si alguno ama al mundo, el amor del Padre no está en él. Porque todo lo que hay en el mundo, los deseos de la carne, los deseos de los ojos, y la vanagloria de la vida, no proviene del Padre, sino del mundo". (1 Juan 2:15-16)

El amor por esto distraerá nuestro enfoque como discípulos. Cuando empezamos a amar algo, es casi natural querer servir lo que amamos.

"No podéis servir a Dios y a las riquezas". (Mateo 6:24)

Debemos amar a Dios con todo lo que tenemos. Este amor suplanta todos los demás estereotipos y creencias. Nuestro amor por Jesús nutre nuestra pasión.

Cuando amamos a Jesús de la manera correcta, estamos apasionados por Su pasión: las almas.

¿A quién he puesto en la lista de los no amados de mi vida debido a la falta de perdón? ¿Tienen una relación con Jesús?

¿Siempre practico el amor incondicional?

¿Mi tanque de amor está vacío?

Estimado Señor:

Gracias por amarme cuando no merecía ser amado. Gracias por amarme continuamente durante mis fracasos y mis errores. Ayúdame a amar como Tú lo haces (sin motivo ni razón). Dame el amor incondicional que cambiará las vidas para Tu Reino. Ayúdame a amar y perdonar a aquellos que quieran dañarme. Elimina todo rencor u odio que tenga por cualquier persona.

Amén

CONCLUSIÓN

Debe saber su posición

"El discípulo no es más que su maestro, ni el siervo más que su señor".
Mateo 10:24

El éxito y la eficacia del ministerio suben y bajan en base al entendimiento de las funciones. Esto queda muy claro en la función de la Divinidad o la Santísima Trinidad. Dios el Padre fue el creador del plan. Dios el Hijo fue el redentor del plan. Dios el Espíritu Santo fue el ejecutor del plan. Cada persona de la Santísima Trinidad desempeñó su función para satisfacer el plan de redención para la humanidad.

La función de un discípulo es ser un siervo y la de Jesús es ser el Amo. Jamás debería haber confusión alguna sobre estas dos funciones. Sabemos que Jesús nunca está confundido sobre Su función en nuestras vidas. Generalmente, el problema se presenta cuando tratamos de ser el amo, en vez de ser el siervo. Cuando decimos que *"Jesús es el amo de nuestras vidas"*, estamos diciendo que Él tiene total autoridad y soberanía sobre nosotros. Cuando mezclamos las funciones de amo y siervo, el resultado puede ser que vayamos por el camino incorrecto: nos perdemos de la Voz de Dios; decimos cosas que Dios nunca dijo; y alejamos a la gente de Dios.

Un discípulo debe entender que no tiene suficiente sabiduría o control para ser el Amo. Las experiencias de nuestra vida son limitadas. Una de las cosas que se solía decir durante mi carrera militar y que siempre recuerdo es "permanece en tu carril". Cuando uno trata de ser el amo, arruina las cosas, y luego espera que Jesús las arregle.

En nuestra función como discípulos (siervos), todos somos alumnos del Espíritu Santo. Debemos permitir que el Espíritu Santo guíe nuestras vidas, para que podamos ser siervos fieles de Jesucristo. Dios llamará al siervo fiel. Mateo 25:33 dice: *"Su señor le dijo: Bien, buen siervo y fiel; sobre poco has sido fiel, sobre mucho te pondré; entra en el gozo de tu señor"*. Es imposible serle fiel a Jesucristo, el Amo, cuando el discípulo está tratando de dictar la función del amo. Es fácil no ser parte de la voluntad de Dios cuando uno trata de desempeñar la función de amo.

Algo que he descubierto al seguir al Amo, cuando las cosas van bien, es que es fácil dejar que Jesús esté a cargo. Pero ni bien tengo que afrontar una circunstancia, quiero tomar las riendas de tal circunstancia.

El Amo siempre está mirando. Nuestras acciones están constantemente ante Sus Ojos.

Un discípulo debe vivir su vida como si pudiera ver al Amo físicamente cada segundo del día. Cuando hacemos que Jesús sea el Amo de nuestras vidas, le permitimos ser el Señor de nuestras vidas. Muchos cristianos no tienen ningún inconveniente con la parte de que Jesús sea el Salvador porque todos quieren ser salvados de algo. Pero el hecho de que Jesús sea el Señor quiere decir que tiene control total sobre nuestros empleos, familias, dinero, relaciones y camino diariamente con Él. Para ser discípulos de Jesús, es necesario que seamos humildes, obedientes, listos y que siempre honremos al Amo.

Cuando se le permite a Jesús ser el amo y nosotros somos los siervos, le decimos a Dios: "Estoy dispuesto a vivir bajo autoridad". Los discípulos deben vivir bajo autoridad. Si un discípulo no es capaz de vivir bajo la autoridad de Jesús, será difícil vivir bajo autoridad en otras áreas de su vida. No vivir bajo autoridad resulta en un discípulo que vive una vida complicada, lo que conduce a vivir fuera de orden.

¿En qué áreas de mi vida sigo tratando de ser el Amo?

¿Cuál es mi función como siervo de Jesucristo?

¿Me he metido al carril del Amo hoy?

Estimado Señor:

Oro por un corazón humilde y por ser el mejor siervo con la ayuda del Espíritu Santo. Por favor, recuérdame mi función en la construcción de Tu Reino. Enséñame a siempre tener honor y reverencia por Tu posición.

Amén

CONCLUSIÓN

Debe estar dispuesto a poner presión

"Dijo entonces Jesús a los judíos que habían creído en él: Si vosotros permaneciereis en mi palabra, seréis verdaderamente mis discípulos".
Juan 8:31

Para que un discípulo siga siendo la persona que Dios ha llamado para que sea, debe insistir en la Palabra de Dios. Se nos ha dado la Palabra de Dios para que podamos vivir en base a todo su contenido. Como discípulos, la Palabra de Dios es la herramienta que nos guía, fortifica y anima. La Palabra de Dios es verdad. En Juan 17:17, Jesús dice: *"Santifícalos en tu verdad; tu palabra es verdad".* Para los discípulos, la Palabra de Dios es nuestro libro de reglas para la vida cristiana. La Palabra es la inspiración total de Dios.

Es nuestro provecho y ganancia en la vida. Escuchemos a Pablo y cómo se refiere al uso de la Palabra de Dios en 2 Timoteo 3:16, 17:

"Toda la Escritura es inspirada por Dios, y útil para enseñar, para reprender, para corregir, para instruir en justicia: a fin de que el hombre de Dios sea perfecto, enteramente preparado para toda buena obra".

Pablo detalla la autoridad y la validez de la Palabra de Dios. Lo que hace que la Palabra sea tan poderosa es que fue iluminada por Dios, lo que quiere decir que fue *"inspirada por Dios"*. Toda la Palabra está inspirada por Dios, tanto aquellas partes con las que esté de acuerdo y con las que no. Para decirlo de otra manera, tanto aquellos versículos que uno opta por implementar en su vida y aquellos que opta por ignorar fueron inspirados por Dios. Pablo nos comunicó cinco beneficios de presionar la Palabra.

Primer beneficio – La doctrina
La doctrina le recuerda al discípulo en qué cree. Como discípulos, debemos saber en qué creemos y respaldar lo que creemos.

En qué creemos es todo lo que tenemos en este camino cristiano.

Segundo beneficio – Reprimenda
La reprimenda le recuerda al discípulo lo que está mal. La Palabra de Dios identifica y deja muy claro lo que está bien o mal en nuestras vidas. La Palabra de Dios contesta sus preguntas sobre qué hacer en cada situación.

Tercer beneficio – Corrección
La corrección le recuerda al discípulo cómo corregir el error. La Palabra de Dios revela lo incorrecto y nos conduce al camino de

la rectitud. Si un discípulo comete un error, debe volver a la Palabra para encontrar la luz.

Cuarto beneficio – Instrucción en la rectitud
La instrucción en la rectitud le recuerda a un discípulo cómo vivir rectamente. La Palabra de Dios le da al discípulo una guía clara sobre cómo vivir una vida que honra a Dios.

Quinto beneficio – Totalmente suministrado
Cuando un discípulo está totalmente suministrado, le recuerda que está plenamente equipado para hacer todo lo que Dios quiere que haga. Cuando la Palabra de Dios se aplica y usa correctamente, el discípulo tendrá lo que necesita para la vida y para construir el Reino.

Dado todo lo que presenta, la Palabra de Dios no puede ser simplemente algo que se lee casualmente, sino que debe convertirse en lo que somos. La Palabra de

Dios está siempre disponible. El discípulo entiende que la Palabra de Dios es verdadera, poderosa, inspirada y sustituye cualquier otra palabra que se haya escrito. La Palabra de Dios equipa al discípulo para el ministerio. La herramienta más efectiva en la vida de un discípulo es la Palabra de Dios. La Palabra es poderosa. Hebreos 4:12 dice: *"Porque la palabra de Dios es viva y eficaz, y más cortante que toda espada de dos filos; y penetra hasta partir el alma y el espíritu, las coyunturas y los tuétanos, y discierne los pensamientos y las intenciones del corazón"*. La Palabra de Dios identificará quiénes somos en cada obligación y circunstancia.

La clave para vivir exitosamente en esta tierra, como discípulo, es presionar la Palabra de Dios. Tanto el Espíritu Santo como el tiempo ayudarán al discípulo a cumplir su misión. Jesús usa palabras claras. Él dice que el discípulo debe seguir adelante. Para decirlo de otra forma, el discípulo debe permanecer en la Palabra de Dios. La Palabra de Dios nos ayuda a entender a Dios mejor (incluso con nuestras mentes finitas). Mientras un discípulo más presiona la Palabra, más dictará el poder, la influencia y la eficacia del discípulo en la construcción del Reino. La fortaleza de un discípulo está en la Palabra de Dios.

La Palabra de Dios mantiene al discípulo conectado. Tal conectividad es importante para la madurez de un discípulo. Hasta el mundo entiende la importancia de la conectividad, y no le importa si es positiva o negativa. Jesús dice que debemos seguir adelante en la Palabra.

A lo que estamos conectados nos drenará o llenará, quitará o dará y romperá o fortalecerá.

Cuando el discípulo permanece hambriento por la Palabra de Dios, seguirá buscando y deseando más de Dios. Dios hace una promesa: si permanecemos hambrientos, se nos satisfará. Mateo 5:6 dice: *"Bienaventurados los que tienen hambre y sed de justicia, porque ellos serán saciados"*. Cuando perdemos el apetito por algo, la mayoría de las veces, dejamos de comerlo. Si perdemos nuestro apetito por la Palabra, dejaremos de presionarla. Nos conformaríamos con lo mínimo. Un discípulo no puede permitirse perder su apetito por la comida espiritual que se entrega en la Palabra de Dios.

¿He perdido mi apetito por la Palabra de Dios?

¿La Palabra de Dios realmente guía mi vida?

¿Qué debo hacer para aumentar el tiempo que paso en la Palabra de Dios?

Estimado Señor:

No solamente quiero leer Tu Palabra, sino que quiero ser un ejemplo de Tu Palabra. Renueva mi apetito y sed por Tu Palabra. Oro para que la Palabra siempre sea una lámpara para mis pies y una luz para mi camino. Haz que Tu Palabra siempre llueva en mi corazón.

Amén

CONCLUSIÓN

Debe estar preparado para perdonar

"Porque si perdonáis a los hombres sus ofensas, os perdonará también a vosotros vuestro Padre celestial".
Mateo 6:14

Vivimos en un mundo en el que falta el perdón. Las normas del mundo nos enseñan que debemos aferrarnos a ciertas cosas, independientemente de si son positivas o negativas. Creo que la falta de perdón es como un equipaje innecesario que cargamos. Hebreos 12:1 dice: *"... despojémonos de todo peso y del pecado que nos asedia, y corramos con paciencia la carrera que tenemos por delante".* Creo que uno de los pesos a los que se refiere el escritor es la falta de perdón. Un discípulo es un blanco tanto para el ataque amigo y enemigo. Nada le sucede a un discípulo que es imperdonable. Cuando no se atiende la falta de perdón, el discípulo: (1) se convertirá en un obstáculo; (2) tendrá dificultad para orar; y (3) estará en esclavitud. Cuando la falta de perdón está en el corazón del discípulo, este ya no es libre. Estará conectado a la ira, el resentimiento y (a veces) el odio constantemente. Un discípulo debe encontrar la manera de perdonar. El hecho que se lo llame al discípulo a perdonar no significa que esta tarea sea fácil.

Hay dos heridas muy difíciles que son comunes entre los cristianos y es muy difícil superar y/o recuperarse de las dos.

- Herida causada por la iglesia
- Herida causada por la familiar

Si un discípulo quiere perdón y que Dios reciba su sacrificio, debe perdonar. Jesús dice en Mateo 6:14: *"Porque si perdonáis a los hombres sus ofensas, os perdonará también a vosotros vuestro Padre celestial"*.

Asimismo, Jesús dice en Mateo 5:23, 24: *"Por tanto, si traes tu ofrenda al altar, y allí te acuerdas de que tu hermano tiene algo contra ti, deja allí tu ofrenda delante del altar, y anda, reconcíliate primero con tu hermano, y entonces ven y presenta tu ofrenda"*. El verdadero sentido de la falta de perdón es evidencia de la falta de confianza en Dios.

Hay una cantidad incontable de razones por las que uno tal vez no sea capaz de perdonar:

- Dolor (emocional, físico o mental)
- El agraviador ha seguido adelante con su vida
- Falta de pedir disculpas
- Pedir disculpas sin demostrar emoción
- Pérdida (personas o posesiones)

- Negación
- Inseguridad
- Recordar el acto

Jesús sentó la base para el perdón en Mateo 18:21. Pedro le preguntó a Jesús qué tan frecuentemente uno debería perdonar a una persona que lo ofende. Jesús le respondió *"...setenta veces siete"* (Mateo 18:22). Lo que Jesús en verdad estaba diciendo es que no tenemos que llevar una cuenta de las veces que nos ofende la gente.

Como discípulos, no podemos darnos el lujo de no perdonar. La falta de perdón llega a ser un impedimento para el ministerio y la vida de un discípulo. El perdón no es una opción, sino un mandamiento de Dios. El discípulo debe optar por perdonar, y abandonar su derecho a vengarse. Dios luchará por el discípulo y buscará la rectitud en nombre de usted (Romanos 12:19).

Jesús nos ofrece instrucciones claras sobre

cómo lidiar con aquellas personas que nos maldicen, odian o acosan. Debemos amar y orar por ellos.

"Pero yo os digo: Amad a vuestros enemigos, bendecid a los que os maldicen, haced bien a los que os aborrecen, y orad por los que os ultrajan y os persiguen. Porque si amáis a los que os aman, ¿qué recompensa tendréis? ¿No hacen también lo mismo los publicanos?" (Mateo 5:44, 46)

Independientemente de cómo alguien lo lastime, Dios dice que el no perdonar es algo muy grave. Si opta por no perdonar, se pone a usted mismo bajo la desobediencia y esclavitud. Vamos a leer la parábola que Jesús sobre el perdón:

"Por lo cual el reino de los cielos es semejante a un rey que quiso hacer cuentas con sus siervos. Y comenzando a hacer cuentas, le fue presentado uno que le debía diez mil talentos. A éste, como

no pudo pagar, ordenó su señor venderle, y a su mujer e hijos, y todo lo que tenía, para que se le pagase la deuda. Entonces aquel siervo, postrado, le suplicaba, diciendo: Señor, ten paciencia conmigo, y yo te lo pagaré todo. El señor de aquel siervo, movido a misericordia, le soltó y le perdonó la deuda. Pero saliendo aquel siervo, halló a uno de sus consiervos, que le debía cien denarios; y asiendo de él, le ahogaba, diciendo: Págame lo que me debes. Entonces su consiervo, postrándose a sus pies, le rogaba diciendo: Ten paciencia conmigo, y yo te lo pagaré todo. Mas él no quiso, sino fue y le echó en la cárcel, hasta que pagase la deuda. Viendo sus consiervos lo que pasaba, se entristecieron mucho, y fueron y refirieron a su señor todo lo que había pasado. Entonces, llamándole su señor, le dijo: Siervo malvado, toda aquella deuda te perdoné, porque me rogaste. ¿No debías tú también tener misericordia de tu consiervo, como yo tuve misericordia de ti? Entonces su señor, enojado, le entregó a los verdugos, hasta que pagase todo lo que le debía. Así también mi Padre celestial hará con vosotros si no perdonáis de todo corazón cada uno a su hermano sus ofensas". (Mateo 18:23-35)

Esta parábola explica cómo un siervo (con una situación para la que no hay esperanzas) le debía a un rey una deuda enorme. No podía pagar tal deuda en varias vidas. El rey ordenó que se vendiera al siervo y su familia para saldar su deuda, pero el siervo le suplicó abiertamente al rey que tuviera piedad. Conmovido por la compasión, el rey perdonó al siervo. ¿Podría creer que este mismo siervo tuvo la audacia de mandar a un compañero siervo a la cárcel? Encontró y confrontó a una persona que le debía literalmente centavos en comparación con lo que él le debía al rey. El hombre pobre pidió piedad, pero el siervo ignoró su súplica.

No parece que esta parábola sea real, pero

es un ejemplo de cómo somos cuando no perdonamos. Teníamos una deuda que no podríamos haber saldado jamás. Pero debido a que Dios nos envió a su único Hijo (Juan 3:16), nuestra deuda fue saldada. No hay ningún agravio que sea lo suficientemente grande como para que no lo podamos perdonar. El perdón es una señal de madurez y crecimiento como discípulo.

¿Tengo alguna falta de perdón en mi corazón?

¿Le pongo límites a mi perdón?

¿Soy selectivo cuando se trata del perdón?

Estimado Señor:

Gracias por el perdón que me has dado al sacrificar Tu Vida en la cruz. Ayúdame a siempre perdonar, independientemente del agravio. Por favor, purifica mi corazón de cualquier falta de perdón.

Amén

CONCLUSIÓN

Debe orar

"También les refirió Jesús una parábola sobre la necesidad de orar siempre, y no desmayar".
Lucas 18:1

Un discípulo no solamente ora, sino que también tiene un estilo de vida de oración. Para el discípulo, pasar tiempo con Dios es vital y necesario. La oración no debe ser un último recurso; es el único recurso del discípulo. La oración es la comunicación entre Dios y el discípulo. La oración no es solamente un monólogo a Dios que da el discípulo, sino un diálogo con Él. Dios le habla al discípulo. La disciplina más espiritual en la que puede participar un discípulo es la oración. La oración es la clave para las bendiciones, el poder y la influencia de Dios.

El enemigo quiere distraernos para que no pasemos tiempo orando. El enemigo hará lo que sea para prevenir que oremos. La oración penetra y derrota a la oscuridad. Mueve la Mano de Dios. La oración es la puerta hacia las bendiciones de Dios. La oración mantiene la conexión entre Dios y el discípulo.

Algunas claves para tener una vida de oración que sea efectiva son:

(1) Orar la Palabra de Dios
(2) Orar consistentemente
(3) Orar en el espíritu
(4) Orar con anticipación
(5) Orar con pasión

1. *Orar la Palabra de Dios*

Dios responde a Su Palabra, y Su Palabra ya

se ha establecido. Dios bendice según Su Palabra. Dios contestará las oraciones de su vida en base a Su Palabra. Dios espera que un discípulo declare Su Palabra, para que Él pueda cumplirla. *"Y me dijo JEHOVÁ: 'Bien has visto; porque yo apresuro[a] mi palabra para ponerla por obra'"*. (Jeremías 1:12)

Cuando la Palabra de Dios progresa, llegará a su destino. El discípulo debe creer que Dios no dirá nada que no llevará a cabo. "Así será mi palabra que sale de mi boca; no volverá a mí vacía, sino que hará lo que yo quiero, y será prosperada en aquello para que la envié". (Isaías 55:11)

2.   *Orar consistentemente*

Los discípulos deben ser consistentes en al orar.

Una vida consistente con la oración nos mantiene más cerca de Dios. Cuando oramos de forma consistente, permitimos que haya menos espacio para la duda y el trabajo de Satanás en nuestras mentes. El apóstol Pablo expresó en 1 Tesalonicenses 5:17: *"Orad sin cesar"*. Colosenses 4:2 dice: *"Perseverad en la oración, velando en ella con acción de gracias"*.

3.   *Orar en el espíritu*

Los discípulos deben confiar y apoyarse en, y depender del Espíritu Santo. El Espíritu Santo sabe más sobre lo que necesitamos que nosotros. El Espíritu Santo sabe las cosas profundas de nuestro Padre (1 Corintios 2:11). Se nos dio el Espíritu Santo para que sea nuestro ayudante y consejero. El Espíritu Santo ora por nosotros. Romanos 8:26 dice: *"Y de igual manera el Espíritu nos ayuda en nuestra debilidad; pues qué hemos de pedir como conviene, no lo sabemos, pero el Espíritu mismo intercede por nosotros con gemidos indecibles"*.

4.   *Orar con anticipación*

Cuando el discípulo ora, debe creer y anticiparse a la respuesta de Dios. Hebreos 11:6 dice: *"Pero sin fe es imposible agradar a Dios; porque es necesario que el que se acerca a Dios crea que le hay, y que es galardonador de los que le buscan"*. Es importante que el discípulo alinee sus oraciones al Corazón de Dios.

5.   *Orar con pasión*

Cuando el discípulo acude a Dios en oración, debe darle al Padre todo lo que tiene. Una oración con pasión libera la preocupación. Llega a Dios humildemente y expresa un sincero agradecimiento por Dios. Pablo lo dijo de esta manera: *"Por nada estéis afanosos, sino sean conocidas vuestras peticiones delante de Dios en toda oración y ruego, con acción de gracias"*. (Filipenses 4:6)

¿Tengo una vida de oración consistente?

¿Acudo a Dios únicamente cuando Lo necesito?

¿Verdaderamente confío en Dios cuando oro?

Estimado Señor:

Mantenme a Tus pies todos los días y permite que mi vida sea una vida de oración. Ayúdame a equilibrar mi horario para que pueda tener más tiempo Contigo. Permite que Tu Voz reine en mis oídos y en mi corazón. Haz que sea sordo a las voces que no necesito oír.

Amén

CONCLUSIÓN

Debe tener obediencia positiva

"Si me amáis, guardad mis mandamientos".
Juan 14:15

La obediencia desafiará cada aspecto de la vida del discípulo. Sin obediencia, no hay una relación. Nuestra obediencia identifica la intimidad que tenemos como discípulo de Jesús. Nuestra obediencia determina cuánto nuestro Padre puede confiar en nosotros cuando se trata de los asuntos del Reino. La obediencia positiva significa seguir la Palabra de Dios.

Señales de desobediencia:

El escape
Huir de lo que Dios nos está diciendo que

hagamos es una desobediencia obvia. Yo lo llamo "el Síndrome de Jonás". Dios le dijo a Jonás que ministrase a la gente de Nínive (Jonás 1:1, 2). La respuesta de Jonás: *"...se levantó para huir de la presencia de JEHOVÁ a Tarsis, y descendió a Jope, y halló una nave que partía para Tarsis; y pagando su pasaje, entró en ella para irse con ellos a Tarsis, lejos de la presencia de JEHOVÁ".* (versículo 3)

Jonás huyó intencionalmente de la Presencia e Instrucción de Dios. No hay forma que un discípulo pueda ser obediente a Dios si huye de Él.

El intercambio

El intercambio ocurre cuando el discípulo usa la Palabra de Dios, incorrectamente. Trata de manipularla para que se adapte a su situación para hacer lo que siente que es lo correcto. Cuando tratamos de manipular la Palabra de Dios, estamos diciendo: "Dios, Tu plan no es lo suficientemente bueno para mí. Tengo un plan que es mejor". Creo que un discípulo debe ser desafiado a lo largo de su camino con Jesús. Cuando uno hace cosas que siempre se sienten cómodas o son fáciles, lo pueden conducir a la destrucción y la separación de Dios. Cuando un discípulo crece la Palabra de Dios, será desafiado por el Espíritu. Su crecimiento y su relación espiritual prosperarán.

La exclusión

La exclusión ocurre cuando el discípulo omite parte de la Palabra de Dios y obedece otra parte. Algunos denominan esta práctica obediencia selectiva o parcial. Entendemos que Dios es muy específico. Cuando Dios da instrucciones, espera que las sigamos al pie de la letra. Dios le dio instrucciones específicas a Noé para que construyera el arca para el diluvio. Noé no podía desviarse de ninguna de las instrucciones de Dios. En cuanto a la construcción del Tabernáculo, Dios fue específico con Moisés, tal como vemos en Éxodo 25:9:

"Conforme a todo lo que yo te muestre, el diseño del tabernáculo, y el diseño de todos sus utensilios, así lo haréis". El Tabernáculo era la morada de Dios.

Los discípulos de Jesucristo no pueden escoger qué obedecer y qué no. Siempre se deben obedecer todos los planes, palabras y obligaciones de Dios. Cuando obedecemos a Dios, estamos diciendo: *"Confío en Él en cualquier situación, incluso cuando no Lo veo, ni Lo escucho ni Lo siento"*. Frecuentemente, el discípulo no entiende que su obediencia está conectada a su fe en Dios. Muy frecuentemente, la desobediencia ocurre cuando no confiamos lo suficiente como para progresar y obedecer la Palabra de Dios.

El discípulo debe recordar que las Maneras e Ideas de Dios no son iguales a las suyas. El discípulo debe acoger las palabras escritas en Isaías 55:8-9:

"Porque mis pensamientos no son vuestros pensamientos, ni vuestros caminos mis caminos, dijo JEHOVÁ. Como son más altos los cielos que la tierra, así son mis caminos más altos que vuestros caminos, y mis pensamientos más que vuestros pensamientos".

Cuando uno obedece positivamente, construye una base sólida que sobrevivirá una tormenta. La obediencia es el mecanismo que se necesita tanto en los tiempos buenos como en los malos. Cuando obedecemos la Palabra de Dios, nuestra obediencia nos prepara para que seamos exitosos en nuestra batalla. Jesús nos aporta dos respuestas diferentes a la Palabra y los resultados también son diferentes. Mateo 7:24-27:

"Cualquiera, pues, que me oye estas palabras, y las hace, le compararé a un

hombre prudente, que edificó su casa sobre la roca. Descendió lluvia, y vinieron ríos, y soplaron vientos, y golpearon contra aquella casa; y no cayó, porque estaba fundada sobre la roca. Pero cualquiera que me oye estas palabras y no las hace, le compararé a un hombre insensato, que edificó su casa sobre la arena; y descendió lluvia, y vinieron ríos, y soplaron vientos, y dieron con ímpetu contra aquella casa; y cayó, y fue grande su ruina. Y cuando terminó Jesús estas palabras, la gente se admiraba de su doctrina".

En verdad creo que la conclusión de la obediencia es el hecho de que Dios preferiría tener nuestra obediencia en lugar de una gran cantidad de sacrificios. Primero, Samuel 15:22 dice: *"Y Samuel dijo: ¿Se complace JEHOVÁ tanto en los holocaustos y víctimas, como en que se obedezca a las palabras de JEHOVÁ? Ciertamente el obedecer es mejor que los sacrificios, y el prestar atención que la grosura de los carneros"*. Este versículo es una respuesta a Saúl cuando desobedeció a Dios. Dios le dijo a Saúl que destruyera a todos los amalecitas y todas sus posesiones por completo (1 Samuel 15:3). Saúl destruyó a los amalecitas, pero permitió que el rey Agag y el mejor ganado permanecieran vivos. Saúl defendió su desobediencia diciendo que sacrificaría el ganado vivo para al Señor. A menudo, los discípulos tratan de disfrazar su desobediencia con sacrificios (obras). Dios no quiere un ritual; Él quiere un corazón obediente.

¿He sustituido sacrificios por la obediencia? Escriba una lista.

¿He resuelto obedecer toda la Palabra de Dios?

¿Cómo es mi obediencia al Señor deficiente?

Estimado Señor:

No permitas que sea selectivo al obedecer Tu Palabra. Haz que acoja Tus Maneras y Tus Ideas. Si hay alguna semilla de desobediencia, quítala de mi corazón, mente, boca y espíritu. Haz que Tu Palabra reine constante en mis pensamientos y decisiones.

Amén

CONCLUSIÓN

Debe tener un corazón purgado

"Crea en mí, oh Dios, un corazón limpio, y renueva un espíritu recto dentro de mí".
Salmos 51:10

Naturalmente, el corazón es el órgano más importante del cuerpo humano. El corazón bombea sangre por todo el cuerpo. La sangre, llena de nutrientes y oxígeno, ayuda a eliminar los desechos de nuestro organismo. El corazón es indispensable para nuestras vidas y cómo vivimos.

Uno puede preguntarse: *"¿Por qué el corazón es tan importante para la vida de un discípulo?"* Hay varias razones. El corazón es la puerta de acceso a aquellos que somos parte del ministerio. El corazón de uno determina en qué tipó de discípulo se convertirá. Dios ha ordenado que el corazón es el camino para que uno se convierta en un discípulo. Romanos 10:9, 10 dice: *"que si confesares con tu boca que Jesús es el Señor, y creyeres en tu corazón que Dios le levantó de los muertos, serás salvo. Porque con el corazón se cree para justicia, pero con la boca se confiesa para salvación"*.

El corazón dice e identifica quiénes somos en relación con el Reino. Entendemos que nuestra boca determina lo que está en el corazón. Mateo 12:34 dice: *"¡Generación de víboras! ¿Cómo podéis hablar lo bueno, siendo malos? Porque de la abundancia del corazón habla la boca"*.

Debemos entender que todo sale del corazón. Proverbios 4:23 nos dice que los problemas de la vida fluyen del corazón. La clave para mantener el corazón adecuado ante Dios es la obra del Espíritu Santo. El Espíritu Santo debería tener libre acceso al corazón del discípulo.

El fin de este acceso es que el Espíritu Santo sea capaz de limpiar, registrar y renovar nuestros corazones. El corazón es muy importante para el éxito del ministerio del Reino. Un discípulo únicamente puede ir tan lejos como permita que el Espíritu Santo lo guíe. El pecado contamina el corazón y, si no se corrige, dañará el ministerio.

La historia de David y Betsabé es un ejemplo poderoso de esto (2 Samuel 11). Cuando David fue confrontado por su pecado, le oró al Señor:

"Esconde tu rostro de mis pecados, y borra todas mis maldades. Crea en mí, oh Dios, un corazón limpio, y renueva un espíritu recto dentro de mí. No me eches de delante de ti, y no quites de mí tu santo Espíritu. Vuélveme el gozo de tu salvación, y espíritu noble me sustente". (Salmos 51:9-12)

David le pide a Dios que trabaje nuevamente en él, porque él se permitió a sí mismo pecar.

Un discípulo no puede ignorar el pecado en su vida; debe abordarlo. David entendió que tenía un problema de corazón. Si no arreglaba su corazón, David pecaría nuevamente. Sabía que la situación actual de su corazón perdería la Presencia de Dios. David le pide a un Dios poderoso que purifique y renueve su corazón y su espíritu. Los problemas del corazón bloquean el gozo que Dios nos da. Este es uno de los tantos motivos por los que Dios dijo que David era un hombre en busca de Su Propio Corazón (Hechos 13:22).

Cuando un discípulo tiene un corazón purgado, participa activamente en:

(1)	Presentar apetito por Dios

"Bienaventurados los que tienen hambre

y sed de justicia, porque ellos serán saciados". (Mateo 5:6)

(2)   Presentar adoración y alabanza a Dios

"Todo lo que respira alabe a JEHOVÁ. Aleluya". (Salmos 150:6)

(3)   Presentar gloria a Dios

"Si, pues, coméis o bebéis, o hacéis otra cosa, hacedlo todo para la gloria de Dios". (1 Corintios 10:31)

(4)   Presentarle un corazón impuro a Dios

"Si en mi corazón hubiese yo mirado a la iniquidad, el Señor no me habría escuchado". (Salmos 66:18)

(5)   Pararse ante Dios

"¿Quién subirá al monte de JEHOVÁ? ¿Y quién estará en su lugar santo?" (Salmos 24:3)

¿Tengo problemas espirituales del corazón?

¿Mi corazón crece para estar más cerca de Jesús todos los días?

¿Tengo un corazón purgado?

Estimado Señor:

Tengo el mismo grito que David: "*Crea en mí un corazón limpio y renueva un espíritu recto dentro de mí*". Abre mis ojos para que pueda ver las cosas que Tú ves en mi corazón. Haz que mi corazón siempre busque alabarte, honrarte y glorificarte. Tú eres el único Dios verdadero y sabio.

Amén

CONCLUSIÓN

Debe satisfacer la Gran Comisión

"Y Jesús se acercó y les habló diciendo: Toda potestad me es dada en el cielo y en la tierra. Por tanto, id, y haced discípulos a todas las naciones, bautizándolos en el nombre del Padre, y del Hijo, y del Espíritu Santo; enseñándoles que guarden todas las cosas que os he mandado; y he aquí yo estoy con vosotros todos los días, hasta el fin del mundo. Amén".
Mateo 28:18-20

La mayor función o conclusión de todas debe ser cumplir intencionalmente las palabras de la Gran Comisión. Se ha dicho que la Gran Comisión es la única comisión. No existe un acto de obediencia mayor que pueda encontrarse en las Palabras de

Jesús.

El trabajo de Jesús en la cruz se hizo para que pudiera cumplirse la Gran Comisión. Si cumplimos con las primeras 12 funciones, la función número 13 debería ser un cambio de estilo de vida.

El mejor trabajo que puede hacer un discípulo es ayudar a alguien a alcanzar el conocimiento salvador de Jesucristo. Se le ha prometido la fortaleza y poder del Espíritu Santo al discípulo. A nosotros, como discípulos, se nos llama para salir, pero no con nuestras propias fuerzas. Una vez que estamos llenos del Espíritu Santo, somos responsables de ser testigos de Jesucristo. Comúnmente en la iglesia, nos hacemos responsables por estar llenos del Espíritu Santo para hacer todo, menos cumplir la Gran Comisión.

"Pero recibiréis poder, cuando haya venido sobre vosotros el Espíritu Santo, y me seréis

testigos en Jerusalén, en toda Judea, en Samaria, y hasta lo último de la tierra". (Hechos 1:8)

Al llevar a cabo la Gran Comisión, no hay ninguna deferencia entre las personas. No podemos juzgar o elegir a las personas que necesitan entrar al Reino. Tenemos una responsabilidad, que es predicar el Evangelio de Jesucristo.

"Y les dijo: Id por todo el mundo y predicad el evangelio a toda criatura". (Marcos 16:15)

En verdad creo que llegaría una mayor cantidad de personas al Reino si los discípulos no fuesen selectivos al predicar el Evangelio. Un discípulo debe entender que, para que el Evangelio alcance a todos, debe dejar su zona de confort en el ministerio.

Jesús dijo Juan 14:12: *"De cierto, de cierto os digo: El que en mí cree, las obras que yo hago, él las hará también; y aun mayores hará, porque yo voy al Padre"*. Hacer trabajos mejores no significa que vamos a eclipsar a Jesús. Jesús fue el mejor humano que caminase sobre la tierra. Él no tenía pecados. (Hebreos 4:14)

Jesús era un hombre, pero incluso siendo un ser humano tan grande como Él, no podía estar en dos lugares a la vez. Fue por eso que Jesús dijo que era conveniente que Él volviera a estar con el Padre, para que el Consolador (el Espíritu Santo) pudiese venir a ayudar a sus discípulos. (Juan 16:7)

El trabajo del Espíritu Santo es ayudarnos a satisfacer la Gran Comisión. El Espíritu Santo ayuda a la iglesia (el Cuerpo de Cristo) a llevar a cabo trabajos mayores. Ser testigo es obligación de todos los discípulos.

¿Qué voy a hacer con las palabras de Jesús?

¿La Gran Comisión es mi misión personal?

¿He sido testigo del Evangelio de Jesucristo para alguien hoy (esta semana; este mes; este año)?

Estimado Señor:

Ayúdame a tener el apetito para satisfacer la Gran Comisión. Espíritu Santo, haz que mi corazón se encargue de las almas perdidas. Haz que compartir el Evangelio de Jesucristo sea mi deber diario.

Amén

Acerca del Autor

El DR. AARON R. JONES es nativo de Washington. Se desempeña como Pastor Principal de la Iglesia de Dios Nueva Esperanza en Waldorf, MD. En la actualidad, trabaja como Supervisor de Distrito del Distrito de DELMARVA DC. Asimismo, ofrece sus servicios como Capellán de la Oficina del Alguacil del condado de Charles y es un Capellán jubilado del ejército.

El Dr. Jones es autor de otros seis libros que se titulan: *Cómo se comunica la Santísima Trinidad con la humanidad, Ocho claves eficaces para el evangelismo personal, El intercesor del pastor, Saliendo de mi zona de confort para adorar a Dios y La resolución de Josué.*

El Dr. Jones ha estado felizmente casado con la Reverenda Sharon Jones por 18 años.

www.ingramcontent.com/pod-product-compliance
Lightning Source LLC
Chambersburg PA
CBHW050006070726
47592CB00018B/1068